Gramemo — 46 Exercices pour Améliorer Durablement Votre Grammaire

CHRISTELLE MOLON

www.gramemo.org

Ce livre est dédié à tous les auteurs
qui renouvellent chaque jour mon envie de lire.

TABLE DES MATIÈRES

SECONDE PARTIE — CORRIGÉS 25

AVANT-PROPOS

Apprendre des règles de grammaire, c'est bien. Les retenir pour toujours, c'est mieux ! Pour la langue française comme pour toute autre discipline, la pratique est indispensable pour tous ceux qui souhaitent atteindre une certaine maîtrise.

Afin de vous permettre de tester vos connaissances et de mettre en pratique les leçons du livre *Gramemo – 41 fiches ultra-pratiques pour améliorer immédiatement votre grammaire*, voici un cahier d'exercices conçu spécialement pour accompagner pas à pas votre lecture du livre, et en même temps, vous permettre de mieux mémoriser toutes les règles.

Ecrivez dans ce cahier, gribouillez sur ses pages, faites des ratures s'il le faut, mais en tout cas, lancez-vous. Vous n'apprendrez rien si ce cahier reste intact, bien à l'abri dans une bibliothèque, et ce n'est pas ce à quoi il est destiné !

Merci encore pour votre confiance, et à très bientôt sur le site ou les réseaux sociaux.

Maintenant, tournez la page et lancez-vous…

Christelle Molon, le 8 avril 2017

NB : Même si le livre *Gramemo – 41 fiches ultra-pratiques pour améliorer immédiatement votre grammaire* et le cahier que vous tenez entre les mains ont été conçus pour se compléter mutuellement et offrir la meilleure expérience d'apprentissage possible, vous pouvez également trouver les fiches parues dans le livre sur notre site www.gramemo.org, accessible gratuitement.

PREMIÈRE PARTIE — EXERCICES

Pour chaque exercice, merci de bien vouloir écrire la bonne réponse dans l'espace matérialisé par une ligne __________, ou de barrer la ou les réponses fausses lorsque deux ou plusieurs propositions vous sont faites, séparées par des barres obliques (exemple : au / aux / haut). Dans certains cas, une consigne différente vous sera indiquée en italique juste avant l'exercice. Vous pourrez ensuite vérifier vos réponses en vous référant au paragraphe correspondant dans la partie CORRIGÉS de ce cahier.

CHAOS, CAHOT OU K.-O.

1) Il est rentré aujourd'hui du travail complètement chaos / cahot / K.-O. – 2) Le chaos / cahot / K.-O. ambiant la frappa dès qu'elle entra dans la pièce. – 3) Ce boxeur a remporté la victoire par chaos / cahot / K.-O. – 4) Le voyage fut particulièrement inconfortable avec tous ces chaos / cahots / K.-O. – 5) Cette armée de mercenaires était connue pour semer derrière elle destruction et ______________. – 6) ______________, le petit garçon s'endormit sans demander son reste. – 7) "La manifestation risque de dégénérer, et alors plus personne ne pourra empêcher le chaos / cahot / K.-O. de régner dans la ville."

AU, AUX OU HAUT

1) Il a parlé au / aux / haut professeur de son enfance au / aux / haut États-Unis. – 2) Il y a ______________ moins deux nids d'oiseaux tout en ______________ de cet arbre. – 3) Pour pouvoir faire cette attraction il faut mesurer 1,20 m au / aux / haut minimum. – 4) Je n'ai pas pu éteindre cet appareil, le bouton d'arrêt était situé beaucoup trop ______________ pour moi. – 5) Je suis déjà allée au / aux / haut Japon et au / aux / haut Émirats arabes unis, maintenant je rêve d'aller un jour tout en ______________ du mont Fuji.

DU OU DÛ

1) Il a commandé du / dû bois de chauffage. – 2) Tu n'aurais jamais du / dû dire cela pendant l'entretien si tu tenais vraiment à trouver du / dû travail. – 3) C'est la fille ____________ directeur de la société. – 4) Si tu vas faire des courses, pense s'il te plaît à acheter ____________ lait, ____________ beurre, ____________ fromage et ____________ pain. – 5) Il a du / dû faire des sacrifices pour réaliser ses rêves. – 6) Elle a du / dû se lever très tôt pour pouvoir aller courir avant de partir travailler.

COMTE, CONTE OU COMPTE

1) Ce comte / conte / compte parle de trois enfants qui se perdent et sont recueillis par un boucher malintentionné. – 2) Il comte / conte / compte beaucoup trop sur son entourage pour l'aider en cas de coup dur. – 3) Il n'y a plus beaucoup de ____________ ou de comtesses de nos jours. – 4) Allez vous cacher, je comte / conte / compte jusqu'à vingt et je viens vous chercher ! – 5) Elle ____________ des histoires aux enfants de cette classe une fois par semaine. – 6) Je m'occupe des ____________ de cette société depuis trois ans. – 7) En fin de comte / conte / compte, ce qui ____________ c'est d'être bien entouré.

LACER OU LASSER

1) Il a neuf ans et ne sait toujours pas lacer / lasser ses chaussures. – 2) Si tu fais tous les jours le même travail tu risques de rapidement te lacer / lasser. – 3) J'ai fini par me ____________ de ses mensonges et je suis partie. – 4) L'animatrice a essayé d'apprendre aux enfants

comment _________________ leurs baskets. — 5) Difficile de ne pas _________________ son public, voire l'endormir, en parlant d'une voix aussi monocorde !

TA, T'A, T'AS, TAS

1) _________________ mère a essayé de te joindre et elle _________________ laissé un message sur ton répondeur. — 2) Il a disposé tous ses livres en ta / t'a / t'as / tas sur le sol en attendant d'installer des étagères. — 3) "Laisse mon frère tranquille ou t'auras des problèmes, ta / t'a / t'as / tas compris ?!" — 4) Elle ne _________________ pas accompagné au cinéma finalement ? — 5) "Quoi ? _________________ encore oublié tes clés ?" — 6) Ta / T'a / T'as / Tas cousine ta / t'a / t'as / tas proposé de l'accompagner à un concert. — 7) Quelqu'un peut-il m'expliquer pourquoi il y a un énorme _________________ de sable dans la rue ?

LA CÉDILLE

(Complétez les espaces matérialisés par ____ avec c ou ç.)

1) Je re___ois ce magazine tous les mois. — 2) J'ai du mal à con___evoir qu'il puisse disparaître sans prévenir. — 3) Un jour tu t'aper___evras de ton erreur mais il sera trop tard. — 4) Je pla___ais toujours mes affaires au même endroit. — 5) Il se dépla___e sans un bruit. — 6) Il se dépla___ait sans un bruit. — 7) Tu me dé___ois beaucoup aujourd'hui.

MON, M'ONT OU MONT

1) Mon / M'ont / Mont fils et ma fille mon / m'ont / mont offert ce collier pour mon / m'ont / mont anniversaire. – 2) Ces commentaires injustes _________________ beaucoup déçu. – 3) Ce _________________ culmine à près de 1000 m de hauteur. – 4) Mon / M'ont / Mont-ils déjà téléphoné aujourd'hui ? – 5) Les panneaux _________________ permis de retrouver _________________ chemin, malgré mon / m'ont / mont GPS en panne.

SANS, SANG, S'EN OU CENT

1) Il sans / sang / s'en / cent va aujourd'hui, apparemment sans / sang / s'en / cent le moindre regret. – 2) Il parle _________________ cesse de son nouveau projet. – 3) Parfois il faut savoir suer _________________ et eau pour atteindre ses objectifs. – 4) "A vaincre sans / sang / s'en / cent péril, on triomphe sans / sang / s'en / cent gloire." (Corneille, Le Cid) – 5) Je l'ai déjà répété _________________ fois : il faut sans / sang / s'en / cent méfier comme de la peste. – 6) Les taches de _________________ retrouvées dans la maison laissaient présager le pire.

MER, MÈRE OU MAIRE

1) Il n'a encore jamais été au bord de la mer / mère / maire. – 2) Sa mer / mère / maire est un véritable modèle pour lui. – 3) Les élections municipales permettent de choisir un nouveau _________________ pour la commune. – 4) La _________________ est certes magnifique, mais les marées peuvent être dangereuses et il faut s'en

méfier. – 5) Cette année notre mer / mère / maire nous accompagne pour nos vacances à la mer / mère / maire. – 6) La _______________ du village est très proche de ses habitants.

EST OU AIT

1) Quelle est / ait la marque de cette voiture ? – 2) Elle est / ait toujours présente, qu'elle est / ait ou non du temps libre. – 3) Il est / ait primordial que votre fils _______________ toujours sur lui ses papiers d'identité. – 4) Je ne serais pas étonnée qu'il _______________ une très bonne moyenne ce trimestre. – 5) C'_______________ un ami d'enfance. – 6) Il _______________ venu me dire que son voyage avait été reporté. – 7) Je ne suis pas convaincu qu'il _______________ pris la meilleure décision mais il est / ait possible qu'il n'_______________ pas eu beaucoup de temps pour y réfléchir.

PEUT ÊTRE OU PEUT-ÊTRE

1) L'apprentissage peut être / peut-être long et fastidieux les premiers mois. – 2) Le nouvel élève deviendra peut être / peut-être ton ami. – 3) Notre voyage aura _______________ lieu en juin l'année prochaine. – 4) Peut être / Peut-être a-t-il finalement renoncé à sortir sous ces pluies torrentielles. – 5) Un ami _______________ plus proche qu'un frère dans certains cas. – 6) Cette ville a peut être / peut-être une histoire très riche, je ne la trouve pas belle pour autant. – 7) Son accent _______________ difficile à comprendre.

CE QUI OU CEUX QUI

1) Il ne supporte pas ce qui / ceux qui en savent plus que lui. — 2) Ce qui / Ceux qui sont intéressés peuvent venir me voir à la fin du cours. — 3) Ce qui / Ceux qui est important, c'est de passer du bon temps avec _____________________ comptent le plus pour toi. — 4) _____________________ sont venus ce matin sont de loin les plus motivés. — 5) J'ai apporté _____________________ était indiqué sur la liste. — 6) Je pense que ce qui / ceux qui sont responsables de cette erreur devront en subir les conséquences. — 7) Ce qui / Ceux qui ont passé la nuit dehors ont échappé de peu à l'hypothermie.

SI OU S'Y

1) Si / S'y tu es intéressé, tu peux encore t'abonner à ce programme. — 2) Il si / s'y est inscrit il y a près de trois mois. — 3) Son meilleur ami a commencé la guitare à l'âge de treize ans, puis Fabien _____________________ est mis à son tour. — 4) Il était si / s'y grand que sa tête touchait presque le plafond. — 5) Elle _____________________ est consacrée corps et âme pendant plusieurs mois avant d'obtenir enfin des résultats encourageants. — 6) Sa nouvelle maison ? Elle semble si / s'y plaire.

NI OU N'Y

1) Thé ou café ? Ni / N'y l'un ni / n'y l'autre. — 2) Ils ni / n'y sont encore jamais allés. — 3) Je _____________________ avais encore jamais réfléchi jusqu'à présent mais c'est une idée _____________________ trop extravagante _____________________ trop simple. — 4) L'allocation

chômage ? Il ni / n'y a pas droit en raison de son âge. — 5) Il ______________ a pas encore renoncé, tu peux me croire !

LA OU LÀ

1) C'est la / là que nos chemins se séparent. — 2) Alors la / là, je n'aurais jamais cru qu'il puisse nous rejoindre avant la / là nuit. — 3) Laquelle veux-tu ? – Celle-______________. – 4) Peux-tu la / là voir depuis ta place ? – 5) ______________ plus belle photo selon moi est ______________, juste sous tes yeux. — 6) J'aurais aimé mieux ______________ connaître. — 7) Elle est garée la / là, devant ______________ mairie.

AVOIR L'AIR + ADJECTIF

(Accordez correctement l'adjectif proposé entre parenthèses.)

1) Cette route a l'air ______________ (long). — 2) Ils ont l'air ______________ (épuisé) des tout nouveaux parents. — 3) Elle a l'air ______________ (heureux) avec son nouveau copain. — 4) Jeanne, tu as l'air ______________ (desespéré), que se passe-t-il ? – 5) Elle a l'air ______________ (radieux) depuis quelques jours. — 6) Tes cousines avaient l'air ______________ (pressé) ce matin, sais-tu où elles allaient ?

SERAI OU SAURAI (etc.)

1) Si je t'avais dit toute la vérité, tu ne serais / saurais pas venu. — 2) Je serai / saurai présente à cette conférence. — 3) Je ne serai / saurai que

demain les résultats de cet examen. – 4) Il serait / saurait quoi faire s'il avait suivi toute la formation. – 5) Ne serais-tu / saurais-tu pas le frère de Marina ? – 6) Je ___________________ là vers 14h30, et alors je ___________________ quelles dates elle a choisies.

GOÛTER OU GOUTTER

1) Ce robinet goûte / goutte sans cesse, le bruit commence à m'agacer. – 2) Les enfants, venez goûter / goutter ! – 3) Lorsque je suis en voyage, j'aime ___________________ aux spécialités locales. – 4) On peut voir que de l'huile a goûté / goutté sous la voiture. – 5) As-tu déjà ___________________ à la cuisine de mon frère ? Il est très doué. – 6) Il faut toujours ___________________ avant de dire que l'on n'aime pas quelque chose.

TANT OU TEMPS

1) Je ne dirai rien tant / temps que tu ne m'auras pas donné d'explication. – 2) Il fait un tant / temps splendide depuis le début de la semaine. – 3) Je lui ai ___________________ posé la question sans obtenir de réponse que j'ai fini par me résigner. – 4) Au ___________________ pour moi, je ne savais pas que tu étais déjà au courant. – 5) Il a dû se dépêcher mais il a réussi à terminer ce travail à ___________________. – 6) Il avance tant / temps bien que mal. – 7) Je suis étonné qu'il ait tant / temps de courage, il m'a beaucoup surpris.

COU, COUP, COÛT ET COUD

1) Le cou / coup / coût / coud de ce voyage est vraiment trop élévé. – 2) Il est tombé sur une bande de jeunes qui l'ont roué de cous / coups / coûts / couds. – 3) Il porte toujours cette chaîne autour du ___________________. – 4) Elle ___________________ des vêtements pour enfants et les vend dans une boutique en ligne. – 5) Ils frappaient toujours trois cous / coups / coûts / couds à la porte, c'était leur code secret. – 6) Ils ont frappé un grand ___________________ ce jour-là. – 7) Les cous / coups / coûts / couds de ces matériaux étaient plus élevés que prévu.

PARTIE OU PARTI

1) Pauline est parti / partie depuis plus de deux ans. – 2) Je ne savais pas que tu faisais parti / partie de cette association ! – 3) Il ne peut pas s'empêcher de prendre parti / partie lorsqu'un différend éclate. – 4) J'ai revu une ___________________ de ma famille pendant les dernières vacances. – 5) Ils ont pris à parti / partie les passants qui avaient eu le malheur de se trouver là au mauvais moment. – 6) Plusieurs partis / parties s'affrontent à l'approche de l'élection présidentielle.

VOTRE OU VÔTRE (notre ou nôtre)

1) Il est des notres / nôtres et nous le défendrons comme il se doit. – 2) Cette voiture est-elle la votre / vôtre ? – Oui, c'est la notre / nôtre. – 3) J'ai préparé notre / nôtre valise, et vous, avez-vous déjà préparé la votre / vôtre ? – 4) Serez-vous des notres / nôtres pour le repas du

réveillon ? – 5) Votre / Vôtre frère et notre / nôtre soeur se sont rencontrés lorsqu'ils étaient au lycée. – 6) Cette maison est désormais la v________________.

COMPRÉHENSIBLE OU COMPRÉHENSIF

1) Pendant la conférence, il faudra parler de manière plus compréhensible / compréhensive. – 2) Je trouve que tu n'es pas très compréhensible / compréhensif, pourtant tu as déjà vécu la même situation. – 3) C'est une personne pleine d'empathie et très compréhensible / compréhensive. – 4) Il est souvent en retard, mais étant donné la longueur de son trajet j'ai décidé de me montrer compréhensible / compréhensif. – 5) Il parle trop vite, ce qu'il dit n'est pas très ________________________________. – 6) La vidéo a subi des dommages et certains passages ne sont plus très compréhensibles / compréhensifs.

CESSION OU SESSION

1) Le président de séance a déclaré la cession / session ouverte. – 2) La cession / session de cet immeuble prendra effet au 15 avril. – 3) Je vais me présenter à la prochaine cession / session d'examen. – 4) Sais-tu quand aura lieu la prochaine ____________________ ? – 5) La procédure de ____________________ des parts sociales est décrite dans les statuts de la société.

POIDS, POIX OU POIS

1) Il a présenté un argument de poids / poix / pois et tous se sont rangés à son avis. – 2) Elle surveille son _________________ de très près et fait donc attention à son alimentation. – 3) Les petits poids / poix / pois sont le seul légume qu'elle accepte de manger. – 4) La _________________ n'est plus très utilisée de nos jours. – 5) Je ne retrouve plus ma jupe à poids / poix / pois rouges. – 6) Lorsqu'un bébé naît, il est de coutume d'annoncer l'heure précise de la naissance ainsi que la taille et le _________________ du nourrisson.

EU OU EUT

1) J'ai eu / eut peur d'arriver trop tard et de te rater. – 2) Elle eu / eut la peur de sa vie lorsque son ami surgit de l'obscurité. – 3) J'ai soudain eu / eut très soif et j'ai dû m'arrêter pour acheter une bouteille d'eau. – 4) Mes chers amis, je vous ai bien eu / eut / eus ! – 5) Elle eu / eut la bonne idée d'emporter son parapluie. – 6) Elle a eu / eut la bonne idée d'emporter son imperméable.

L'ACCORD DU PARTICIPE PASSÉ

(Accordez, lorsque cela est nécessaire, les participes passés des verbes proposés entre parenthèses.)

1) _________________ (énerver), elle claqua la porte en partant. – 2) La surprise qu'il leur a _________________ (faire) était de très mauvais goût. – 3) Elle a tant _________________ (chanter) que le lendemain elle a _________________ (avoir) une extinction de voix. – 4) Il

lui a _________________________ (offrir) des livres pour son anniversaire. – 5) Le professeur les a _________________________ (encourager) à bien réviser le vocabulaire avant de faire la dictée. – 6) Elle nous a _________________________ (rencontrer), ma mère et moi, la semaine dernière. – 7) Tu as _________________________ (prendre) la bonne décision.

L'ACCORD DES ADJECTIFS DE COULEUR

(Accordez les adjectifs de couleur proposés entre parenthèses.)

1) Trouvez sur cette image 3 pommes _________________________ (vert), 2 cerises _________________________ (rouge), 4 raisins _________________________ (blanc) et 2 framboises _________________________ (rose). – 2) Il aimerait aller se baigner dans les mers _________________________ (turquoise). – 3) Nous portons aujourd'hui tous deux des pulls _________________________ (orange). – 4) J'ai les yeux _________________________ (bleu) et mon frère a les yeux _________________________ (marron). – 5) Ma mère a des yeux _________________________ (vert foncé). – 6) Dès que la France se qualifia pour la demi-finale, les drapeaux _________________________ (bleu) _________________________ (blanc) _________________________ (rouge) commencèrent à apparaître partout dans le pays. – 7) Ces chaises _________________________ (noir) et ces sofas _________________________ (jaune) sont nouveaux sur le catalogue.

BIEN UTILISER "DEMI"

(Complétez avec demi, demie, demis ou demies et ajoutez un trait d'union lorsque cela est nécessaire.)

1) Quelle heure est-il ? – Midi et _______________ . – 2) Nous avons rendez-vous à trois heures et _______________. – 3) Le clocher va bientôt sonner la _______________. – 4) La _______________ finale aura lieu dimanche. – 5) Il ne fait pas de _______________ mesures. – 6) Pendant une semaine les tickets de cinéma sont à _______________ tarif. – 7) Il a fait plusieurs fois _______________ tour. – 8) Cette boîte est à _______________ vide.

QUAND EMPLOYER "DONT"

(Transformez les deux phrases proposées en une seule phrase, en utilisant "dont" correctement.)

1) Voici mon amie. Je t'ai tant parlé de mon amie.

____

____

2) Tout le monde parle de ce film. Ce film est magnifique.

Ce film _______________________________

____

3) Tu aimes vraiment beaucoup cette fille. Tu n'arrêtes pas d'en parler.

____

____

ON A, ON N'A

1) J'ai retrouvé le livre dont on a / on n'a parlé hier soir. – 2) Tu comprends bien que l'on a / on n'a pas de temps à perdre avec cela aujourd'hui. – 3) On a / On n'a toujours fait en sorte de profiter de la vie et de ses opportunités. – 4) On a / On n'a absolument aucune envie de te voir finir à l'hôpital, alors s'il te plaît, conduis prudemment. – 5) Cette personne, dont ___________________ parlé aux informations toute la semaine, a avoué les faits. – 6) ___________________ pas encore découvert de remède pour cette maladie mais la recherche avance.

ZOOM SUR... Y

(Transformez la phrase de manière à remplacer la partie soulignée par "y".)

1) Je songe <u>à changer de travail</u> depuis longtemps.

___________________ depuis longtemps.

– 2) Je retournerai <u>en vacances en Espagne</u> dès que l'occasion se présentera.

___________________ dès que l'occasion se présentera.

– 3) Elle s'est endormie <u>sur un banc au fond du jardin</u>.

___________________ endormie.

– 4) Pense <u>à me laisser ton adresse et ton numéro de téléphone.</u>

_______________________-y !

– 5)   Conduisez-nous   à   la   gare   s'il   vous   plaît.

_______________________-_______________-_______________ s'il vous plaît.

LES TROIS GROUPES DE VERBES

(Indiquez à quel groupe appartient chacun des verbes proposés en barrant les mentions inutiles.)

1) penser : 1er groupe / 2e groupe / 3e groupe
2) rire : 1er groupe / 2e groupe / 3e groupe
3) choisir : 1er groupe / 2e groupe / 3e groupe
4) faxer : 1er groupe / 2e groupe / 3e groupe
5) venir : 1er groupe / 2e groupe / 3e groupe
6) faire : 1er groupe / 2e groupe / 3e groupe
7) voir : 1er groupe / 2e groupe / 3e groupe
8) passer : 1er groupe / 2e groupe / 3e groupe
9) applaudir : 1er groupe / 2e groupe / 3e groupe
10) lire : 1er groupe / 2e groupe / 3e groupe
11) prendre : 1er groupe / 2e groupe / 3e groupe
12) saisir : 1er groupe / 2e groupe / 3e groupe

LES DIFFÉRENTS MODES DE LA CONJUGAISON FRANÇAISE

(Répondez à chaque affirmation par vrai ou faux.)

1) L'impératif est un mode impersonnel. VRAI / FAUX

2) Il existe trois modes impersonnels : l'infinitif, le participe et le gérondif. VRAI / FAUX

3) Le participe peut être présent, passé ou futur. VRAI / FAUX

4) L'indicatif est aussi appelé "mode du réel". VRAI / FAUX

5) Le subjonctif est un mode qui n'est presque plus utilisé de nos jours. VRAI / FAUX

6) Le conditionnel est le "mode de l'éventuel". VRAI / FAUX

7) Il existe un infinitif passé. VRAI / FAUX

LA CONCORDANCE DES TEMPS

(Transformez les phrases suivantes en respectant les règles de la concordance des temps.)

1) Il dit qu'il viendra demain.
   Il a dit qu'il _______________________________ demain.

2) Elle pense que tu as déjà lu ce livre.
   Elle pensa que tu _______________________________ ce livre.

3) "Je t'aime", m'annonça-t-il soudain.
   Il m'annonça soudain qu'il m'_______________________________.

4) "Nous allons être en retard", lance-t-elle alors.

Elle lance alors que nous ________________________ en retard.

L'ACCORD DU PARTICIPE PASSÉ SUIVI D'UN INFINITIF

(Accordez correctement les verbes entre parenthèses.)

1) As-tu déjà ________________________ (entendre) chanter cette actrice ? Elle est pleine de talent. — 2) Elle s'est trop ________________________ (laisser) marcher sur les pieds, maintenant plus personne ne la respecte. — 3) Cette fanfare, que tu as ________________________ (écouter) jouer ce matin, est venue de très loin. — 4) Les livres que j'ai ________________________ (voir) vendre dans cette boutique sont des éditions anciennes. — 5) Mes amis, je ne vous ai pas ________________________ (faire) venir en vain, car j'ai une proposition à vous faire.

ZOOM SUR... EN

(Transformez la phrase de manière à remplacer la partie soulignée par "en".)

1) Achète <u>du beurre et des oeufs</u> s'il te plaît.

________________________ s'il te plaît.

2) Il vient d'Amérique du Sud.

Il ________________________.

3) Elle parle très souvent <u>de sa famille</u>.

Elle ______________________________ très souvent.

4) Je suis originaire <u>de cette région</u> et je suis fier <u>de cela</u>.

______________________________ originaire et

______________________________ fier.

5) Il voudrait avoir <u>du temps libre</u> pour pouvoir jouer <u>de la guitare</u>.

Il voudrait ______________________________ pour pouvoir

______________________________.

L'IMPÉRATIF

(Conjuguez à l'impératif les verbes entre parenthèses.)

1) ______________________________ (vous - être) les bienvenus, nous vous attendions ! – 2) Ne ______________________________ (tu - manger) pas trop de sucreries, tu vas attraper des caries ! – 3) Ces cerises sont vraiment excellentes, ______________________________ (tu - manger)-en quelques-unes ! – 4) ______________________________ (tu - prendre) ton courage à deux mains et ______________________________ (tu - poser)-lui ta question ! – 5) ______________________________ (demander)-toi ce que tu as fait de mal et ______________________________ (présenter)-lui tes excuses au plus vite !

VOIX ACTIVE, VOIX PASSIVE

(Transformez la voix active en voix passive dans les phrases suivantes.)

1) Mon père achète ce magazine tous les mois.

____

______________________________________.

2) Le jardinier arrose délicatement les fleurs.

____

______________________________________.

3) L'équipe la plus expérimentée a remporté la victoire.

____

______________________________________.

(Transformez la voix passive en voix active dans les phrases suivantes.)

1) Cet hymne est entonné par les spectateurs et par les athlètes au début de chaque compétition.

______________________________________.

2) Ces fleurs ont été arrachées par des personnes malintentionnées.

______________________________________.

3) Mes bagages ont été perdus pendant le transfert à l'aéroport.

____

______________________________________.

NOMS COMPTABLES ET NON-COMPTABLES

(Indiquez dans chaque cas si les mots soulignés sont comptables ou non-comptables.)

1) Il collectionne les <u>verres</u> à bière.

> Comptable / Non-comptable

2) En une nuit la <u>neige</u> recouvrit le village et ses alentours.

> Comptable / Non-comptable

3) La table en <u>verre</u> est pleine de traces de doigts.

 > Comptable / Non-comptable

4) Il lui a fallu beaucoup de <u>courage</u> pour en arriver là.

> Comptable / Non-comptable

5) Le <u>melon</u> que j'ai mangé à midi était très sucré.

> Comptable / Non-comptable

6) J'ai mangé trop de <u>melon</u>, j'en suis un peu dégoûtée.

> Comptable / Non-comptable

LA PONCTUATION

(Ajoutez la ponctuation qui vous paraît nécessaire dans le texte suivant.)

Mon frère qui va bientôt fêter son anniversaire m'a appelé hier Il a l'intention d'organiser une fête dans un restaurant de préférence et m'a demandé ce que j'en pensais Comme je connais bien les restaurants des environs je lui ai conseillé de faire un choix entre

la pizzeria Veneziano

l'auberge Au bon Accueil

le restaurant traditionnel Les Alérions

le restaurant oriental Miel et Safran

Lequel va t il choisir Je l'ignore Il va prendre une décision rapidement je pense puis lancera les invitations J'ai hâte d'y être car cette soirée sera certainement mémorable

PONCTUATION ET TYPOGRAPHIE

(Lisez le texte suivant, entourez les endroits où les espaces manquent, et barrez les espaces inutiles.)

Ma voisine , âgée de 72 ans, est venue sonner à ma porte ce matin . Elle avait l'air désemparée , à la limite de la panique. Elle m'a dit: " Monsieur, pouvez- vous m'aider?Mon chien a disparu; je ne l'ai pas vu depuis hier soir ! "

Je lui ai demandé : "A quoi ressemble-t-il ?Avez-vous une photo?"

Elle est partie chez elle quelques instants (elle habite juste en face de chez moi), puis m'a apporté une vieille photo protégée par un cadre. Après deux heures de recherches ,j'ai retrouvé son chien sain et sauf .

RÉVISIONS GÉNÉRALES

1) Il est parti / partie sans rien dire, il s'est peut-être / peut être lassé / lacé de ce qui / ceux qui se passait sur scène. – 2) Avez-vous eu / eut des nouvelles de votre / vôtre ami ? – 3) Elle a du / dû avoir un cou / coup / coût / coud de chaud, elle avait l'air fatigué / fatiguée tout à l'heure. – 4) Elle est parfois si / s'y têtue que ni / n'y ses amis ni / n'y sa famille ne parviennent à la raisonner. – 5) Monsieur le Conte / Comte / Compte est debout tout en au / aux / haut de la tour, occupé à regarder les bateaux et la mer / mère / maire. – 6) Si ce livre était un peu plus compréhensible / compréhensif, je serais / saurais comment cuisiner un pot-au-feu. – 7) Veux-tu goûter / goutter le plat que j'ai préparé ? – 8) Cela fait parti / partie des bases de ce qui / ceux qui nous est / ait enseigné à l'école.

RÉVISIONS GÉNÉRALES (VOLUMES 1 & 2)

1) Plutôt / Plus tôt que de faire une pose / pause, les membres de se / ce / ceux groupe on / ont décidé de poursuivre leur / leurs tache / tâche. – 2) Quand / Quant tu a / as / à besoin de soutien / soutient, _______________________ (penser – impératif – tu) à appeler tes amis. – 3) Il est près / prêt à tous / toux / tout tenter, même si / s'y cela n'est pas toujours très sensé / censé. – 4) Si ça / sa va pour toi pour leur / leurs rendre visite demain, fais-moi cygne / signe. – 5) J'aurai / J'aurais

souhaiter / souhaité lui parler mais on m'a dit qu'il avait trop de bouleau / boulot. – 6) Ça / Sa ne m'a pas plu / plus du tous / tout / toux de découvrir que le quartier était devenu si différent / différend de l'endroit ou / où j'avais grandi. – 7) Tant / Temps de travail, et si peu de tant / temps ! – 8) On a / On n'a entendu dire que le fabricant / fabriquant de violons s'est / c'est / sais / sait étouffé avec une amande / amende au cours d'une balade / ballade or / hors du village. – 9) S'est / C'est / Sais / Sait faux, il a du / dû payer une amande / amende pour avoir fait une balade / ballade sur un chantier interdit au / aux / haut visiteurs.

RÉVISIONS GÉNÉRALES (VOLUMES 1 & 2), SUITE

1) _____________________________ (venir – impératif – vous) dans une demie-heure / demi-heure ou ___________________________ (45) minutes, mais pas plu / plus tard. – 2) Il a / à réservé / réserver une chambre dans cet autel / hôtel dont je t'ai parlé un peu plutôt / plus tôt. – 3) Cette plante a l'air si / s'y vrai / vraie que l'on pourrait si / s'y laisser / laissé prendre. – 4) "Ta / T'a / T'as / Tas encore mon / m'ont / mont livre, n'est-ce pas ?" – 5) J'aurais / J'aurai aimé te le rendre plutôt / plus tôt la semaine prochaine, voir / voire le mois prochain, mais je ne s'est / c'est / sais / sait pas si tu es près / prêt à m'accorder cette faveur. – 6) Se / Ce / Ceux genre de choses arrive de tant / temps en tant / temps. – 7) Qu'elle / Quelle vienne me voir / voire demain matin, j'aurai / j'aurais _________________________ (adverbe – probable) un peu / peut / peux de temps a / à lui consacrer. – 8) Ce qui / Ceux qui on / ont perdu davantage / d'avantage de sans / sang / s'en / cent seront / sauront conduit / conduits a / à l'hôpital.

SECONDE PARTIE — CORRIGÉS

Vous trouverez dans les pages suivantes les corrigés des différents exercices. Si vous constatez que vous avez commis une erreur et que vous ne comprenez pas pourquoi votre réponse est fausse, merci de vous reporter au livre *Gramemo — 41 fiches ultra-pratiques pour améliorer durablement votre grammaire*, disponible sur Amazon en format électronique et format papier, ou de vous reporter à la section Grammaire-Express de notre site www.gramemo.org (accès libre).

CHAOS, CAHOT OU K.-O.

1) Il est rentré aujourd'hui du travail complètement K.-O. – 2) Le chaos ambiant la frappa dès qu'elle entra dans la pièce. – 3) Ce boxeur a remporté la victoire par K.-O. – 4) Le voyage fut particulièrement inconfortable avec tous ces cahots. – 5) Cette armée de mercenaires était connue pour semer derrière elle destruction et chaos. – 6) K.-O., le petit garçon s'endormit sans demander son reste. – 7) "La manifestation risque de dégénérer, et alors plus personne ne pourra empêcher le chaos de régner dans la ville."

AU, AUX OU HAUT

1) Il a parlé au professeur de son enfance aux États-Unis. – 2) Il y a au moins deux nids d'oiseaux tout en haut de cet arbre. – 3) Pour pouvoir faire cette attraction il faut mesurer 1,20 m au minimum. – 4) Je n'ai pas pu éteindre cet appareil, le bouton d'arrêt était situé beaucoup trop haut pour moi. – 5) Je suis déjà allée au Japon et aux Émirats arabes unis, maintenant je rêve d'aller un jour tout en haut du mont Fuji.

DU OU DÛ

1) Il a commandé du bois de chauffage. – 2) Tu n'aurais jamais dû dire cela pendant l'entretien si tu tenais vraiment à trouver du travail. – 3) C'est la fille du directeur de la société. – 4) Si tu vas faire des courses, pense s'il te plaît à acheter du lait, du beurre, du fromage et du pain. – 5) Il a dû faire des sacrifices pour réaliser ses rêves. – 6) Elle a dû se lever très tôt pour pouvoir aller courir avant de partir travailler.

COMTE, CONTE OU COMPTE

1) Ce conte parle de trois enfants qui se perdent et sont recueillis par un boucher malintentionné. – 2) Il compte beaucoup trop sur son entourage pour l'aider en cas de coup dur. – 3) Il n'y a plus beaucoup de comtes ou de comtesses de nos jours. – 4) Allez vous cacher, je compte jusqu'à vingt et je viens vous chercher ! – 5) Elle conte des histoires aux enfants de cette classe une fois par semaine. – 6) Je m'occupe des comptes de cette société depuis trois ans. – 7) En fin de compte, ce qui compte c'est d'être bien entouré.

LACER OU LASSER

1) Il a neuf ans et ne sait toujours pas lacer ses chaussures. – 2) Si tu fais tous les jours le même travail tu risques de rapidement te lasser. – 3) J'ai fini par me lasser de ses mensonges et je suis partie. – 4) L'animatrice a essayé d'apprendre aux enfants comment lacer leurs baskets. – 5) Difficile de ne pas lasser son public, voire l'endormir, en parlant d'une voix aussi monocorde !

TA, T'A, T'AS, TAS

1) Ta mère a essayé de te joindre et elle t'a laissé un message sur ton répondeur. — 2) Il a disposé tous ses livres en tas sur le sol en attendant d'installer des étagères. — 3) "Laisse mon frère tranquille ou t'auras des problèmes, t'as compris ?!" — 4) Elle ne t'a pas accompagné au cinéma finalement ? — 5) "Quoi ? T'as encore oublié tes clés ?" — 6) Ta cousine t'a proposé de l'accompagner à un concert. — 7) Quelqu'un peut-il m'expliquer pourquoi il y a un énorme tas de sable dans la rue ?

LA CÉDILLE

1) Je reçois ce magazine tous les mois. — 2) J'ai du mal à concevoir qu'il puisse disparaître sans prévenir. — 3) Un jour tu t'apercevras de ton erreur mais il sera trop tard. — 4) Je plaçais toujours mes affaires au même endroit. — 5) Il se déplace sans un bruit. — 6) Il se déplaçait sans un bruit. — 7) Tu me déçois beaucoup aujourd'hui.

MON, M'ONT OU MONT

1) Mon fils et ma fille m'ont offert ce collier pour mon anniversaire. — 2) Ces commentaires injustes m'ont beaucoup déçu. — 3) Ce mont culmine à près de 1000 m de hauteur. — 4) M'ont-ils déjà téléphoné aujourd'hui ? — 5) Les panneaux m'ont permis de retrouver mon chemin, malgré mon GPS en panne.

SANS, SANG, S'EN OU CENT

1) Il s'en va aujourd'hui, apparemment sans le moindre regret. – 2) Il parle sans cesse de son nouveau projet. – 3) Parfois il faut savoir suer sang et eau pour atteindre ses objectifs. – 4) "A vaincre sans péril, on triomphe sans gloire." (Corneille, Le Cid) – 5) Je l'ai déjà répété cent fois : il faut s'en méfier comme de la peste. – 6) Les taches de sang retrouvées dans la maison laissaient présager le pire.

MER, MÈRE OU MAIRE

1) Il n'a encore jamais été au bord de la mer. – 2) Sa mère est un véritable modèle pour lui. – 3) Les élections municipales permettent de choisir un nouveau maire pour la commune. – 4) La mer est certes magnifique, mais les marées peuvent être dangereuses et il faut s'en méfier. – 5) Cette année notre mère nous accompagne pour nos vacances à la mer. – 6) La maire du village est très proche de ses habitants.

EST OU AIT

1) Quelle est la marque de cette voiture ? – 2) Elle est toujours présente, qu'elle ait ou non du temps libre. – 3) Il est primordial que votre fils ait toujours sur lui ses papiers d'identité. – 4) Je ne serais pas étonnée qu'il ait une très bonne moyenne ce trimestre. – 5) C'est un ami d'enfance. – 6) Il est venu me dire que son voyage avait été reporté. – 7) Je ne suis pas convaincu qu'il ait pris la meilleure décision mais il est possible qu'il

n'ait pas eu beaucoup de temps pour y réfléchir.

PEUT ÊTRE OU PEUT-ÊTRE

1) L'apprentissage peut être long et fastidieux les premiers mois. — 2) Le nouvel élève deviendra peut-être ton ami. — 3) Notre voyage aura peut-être lieu en juin l'année prochaine. — 4) Peut-être a-t-il finalement renoncé à sortir sous ces pluies torrentielles. — 5) Un ami peut être plus proche qu'un frère dans certains cas. — 6) Cette ville a peut-être une histoire très riche, je ne la trouve pas belle pour autant. — 7) Son accent peut être difficile à comprendre.

CE QUI OU CEUX QUI

1) Il ne supporte pas ceux qui en savent plus que lui. — 2) Ceux qui sont intéressés peuvent venir me voir à la fin du cours. — 3) Ce qui est important, c'est de passer du bon temps avec ceux qui comptent le plus pour toi. — 4) Ceux qui sont venus ce matin sont de loin les plus motivés. — 5) J'ai apporté ce qui était indiqué sur la liste. — 6) Je pense que ceux qui sont responsables de cette erreur devront en subir les conséquences. — 7) Ceux qui ont passé la nuit dehors ont échappé de peu à l'hypothermie.

SI OU S'Y

1) Si tu es intéressé, tu peux encore t'abonner à ce programme. — 2) Il s'y est inscrit il y a près de trois mois. — 3) Son meilleur ami a commencé la

guitare à l'âge de treize ans, puis Fabien s'y est mis à son tour. – 4) Il était si grand que sa tête touchait presque le plafond. – 5) Elle s'y est consacrée corps et âme pendant plusieurs mois avant d'obtenir enfin des résultats encourageants. – 6) Sa nouvelle maison ? Elle semble s'y plaire.

NI OU N'Y

1) Thé ou café ? Ni l'un ni l'autre. – 2) Ils n'y sont encore jamais allés. – 3) Je n'y avais encore jamais réfléchi jusqu'à présent mais c'est une idée ni trop extravagante ni trop simple. – 4) L'allocation chômage ? Il n'y a pas droit en raison de son âge. – 5) Il n'y a pas encore renoncé, tu peux me croire !

LA OU LÀ

1) C'est là que nos chemins se séparent. – 2) Alors là, je n'aurais jamais cru qu'il puisse nous rejoindre avant la nuit. – 3) Laquelle veux-tu ? – Celle-là. – 4) Peux-tu la voir depuis ta place ? – 5) La plus belle photo selon moi est là, juste sous tes yeux. – 6) J'aurais aimé mieux la connaître. – 7) Elle est garée là, devant la mairie.

AVOIR L'AIR + ADJECTIF

1) Cette route a l'air longue. – 2) Ils ont l'air épuisé des tout nouveaux parents. – 3) Elle a l'air heureuse avec son nouveau copain. – 4) Jeanne, tu as l'air désespéré, que se passe-t-il ? – 5) Elle a l'air radieuse depuis quelques jours. – 6) Tes cousines avaient l'air pressées ce matin, sais-tu

où elles allaient ?

SERAI OU SAURAI (etc.)

1) Si je t'avais dit toute la vérité, tu ne serais pas venu. — 2) Je serai présente à cette conférence. — 3) Je ne saurai que demain les résultats de cet examen. — 4) Il saurait quoi faire s'il avait suivi toute la formation. — 5) Ne serais-tu pas le frère de Marina ? — 6) Je serai là vers 14h30, et alors je saurai quelles dates elle a choisies.

GOÛTER OU GOUTTER

1) Ce robinet goutte sans cesse, le bruit commence à m'agacer. — 2) Les enfants, venez goûter ! — 3) Lorsque je suis en voyage, j'aime goûter aux spécialités locales. — 4) On peut voir que de l'huile a goutté sous la voiture. — 5) As-tu déjà goûté à la cuisine de mon frère ? Il est très doué. — 6) Il faut toujours goûter avant de dire que l'on n'aime pas quelque chose.

TANT OU TEMPS

1) Je ne dirai rien tant que tu ne m'auras pas donné d'explication. — 2) Il fait un temps splendide depuis le début de la semaine. — 3) Je lui ai tant posé la question sans obtenir de réponse que j'ai fini par me résigner. — 4) Au temps pour moi, je ne savais pas que tu étais déjà au courant. — 5) Il a dû se dépêcher mais il a réussi à terminer ce travail à temps. — 6) Il avance tant bien que mal. — 7) Je suis étonné qu'il ait tant de courage, il

m'a beaucoup surpris.

COU, COUP, COÛT ET COUD

1) Le coût de ce voyage est vraiment trop élévé. – 2) Il est tombé sur une bande de jeunes qui l'ont roué de coups. – 3) Il porte toujours cette chaîne autour du cou. – 4) Elle coud des vêtements pour enfants et les vend dans une boutique en ligne. – 5) Ils frappaient toujours trois coups à la porte, c'était leur code secret. – 6) Ils ont frappé un grand coup ce jour-là. – 7) Les coûts de ces matériaux étaient plus élevés que prévu.

PARTIE OU PARTI

1) Pauline est partie depuis plus de deux ans. – 2) Je ne savais pas que tu faisais partie de cette association ! – 3) Il ne peut pas s'empêcher de prendre parti lorsqu'un différend éclate. – 4) J'ai revu une partie de ma famille pendant les dernières vacances. – 5) Ils ont pris à partie les passants qui avaient eu le malheur de se trouver là au mauvais moment. – 6) Plusieurs partis s'affrontent à l'approche de l'élection présidentielle.

VOTRE OU VÔTRE (notre ou nôtre)

1) Il est des nôtres et nous le défendrons comme il se doit. – 2) Cette voiture est-elle la vôtre ? – Oui, c'est la nôtre. – 3) J'ai préparé notre valise, et vous, avez-vous déjà préparé la vôtre ? – 4) Serez-vous des nôtres pour le repas du réveillon ? – 5) Votre frère et notre soeur se sont rencontrés lorsqu'ils étaient au lycée. – 6) Cette maison est

désormais la vôtre.

COMPRÉHENSIBLE OU COMPRÉHENSIF

1) Pendant la conférence, il faudra parler de manière plus compréhensible. – 2) Je trouve que tu n'es pas très compréhensif, pourtant tu as déjà vécu la même situation. – 3) C'est une personne pleine d'empathie et très compréhensive. – 4) Il est souvent en retard, mais étant donné la longueur de son trajet j'ai décidé de me montrer compréhensif. – 5) Il parle trop vite, ce qu'il dit n'est pas très compréhensible. – 6) La vidéo a subi des dommages et certains passages ne sont plus très compréhensibles.

CESSION OU SESSION

1) Le président de séance a déclaré la session ouverte. – 2) La cession de cet immeuble prendra effet au 15 avril. – 3) Je vais me présenter à la prochaine session d'examen. – 4) Sais-tu quand aura lieu la prochaine session ? – 5) La procédure de cession des parts sociales est décrite dans les statuts de la société.

POIDS, POIX OU POIS

1) Il a présenté un argument de poids et tous se sont rangés à son avis. – 2) Elle surveille son poids de très près et fait donc attention à son alimentation. – 3) Les petits pois sont le seul légume qu'elle accepte de manger. – 4) La poix n'est plus très utilisée de nos jours. – 5) Je ne

retrouve plus ma jupe à pois rouges. – 6) Lorsqu'un bébé naît, il est de coutume d'annoncer l'heure précise de la naissance ainsi que la taille et le poids du nourrisson.

EU OU EUT

1) J'ai eu peur d'arriver trop tard et de te rater. – 2) Elle eut la peur de sa vie lorsque son ami surgit de l'obscurité. – 3) J'ai soudain eu très soif et j'ai dû m'arrêter pour acheter une bouteille d'eau. – 4) Mes chers amis, je vous ai bien eus ! – 5) Elle eut la bonne idée d'emporter son parapluie. – 6) Elle a eu la bonne idée d'emporter son imperméable.

L'ACCORD DU PARTICIPE PASSÉ

1) Enervée, elle claqua la porte en partant. – 2) La surprise qu'il leur a faite était de très mauvais goût. – 3) Elle a tant chanté que le lendemain elle a eu une extinction de voix. – 4) Il lui a offert des livres pour son anniversaire. – 5) Le professeur les a encouragés (ou : *encouragées* si tous les élèves sont des filles) à bien réviser le vocabulaire avant de faire la dictée. – 6) Elle nous a rencontrés / rencontrées (au masculin pluriel si *moi* est de sexe masculin, au féminin pluriel si *moi* est de sexe féminin), ma mère et moi, la semaine dernière. – 7) Tu as pris la bonne décision.

L'ACCORD DES ADJECTIFS DE COULEUR

1) Trouvez sur cette image 3 pommes vertes, 2 cerises rouges, 4 raisins blancs et 2 framboises roses. – 2) Il aimerait aller se baigner dans les

mers turquoise. – 3) Nous portons aujourd'hui tous deux des pulls orange. – 4) J'ai les yeux bleus et mon frère a les yeux marron. – 5) Ma mère a des yeux vert foncé. – 6) Dès que la France se qualifia pour la demi-finale, les drapeaux bleu blanc rouge commencèrent à apparaître partout dans le pays. – 7) Ces chaises noires et ces sofas jaunes sont nouveaux sur le catalogue.

BIEN UTILISER "DEMI"

1) Quelle heure est-il ? – Midi et demi. – 2) Nous avons rendez-vous à trois heures et demie. – 3) Le clocher va bientôt sonner la demie. – 4) La demi-finale aura lieu dimanche. – 5) Il ne fait pas de demi-mesures. – 6) Pendant une semaine les tickets de cinéma sont à demi-tarif. – 7) Il a fait plusieurs fois demi-tour. – 8) Cette boîte est à demi vide.

QUAND EMPLOYER "DONT"

1) Voici l'amie dont je t'ai tant parlé.

2) Ce film, dont tout le monde parle, est magnifique.

3) Tu aimes vraiment beaucoup cette fille, dont tu n'arrêtes pas de parler.

ON A, ON N'A

1) J'ai retrouvé le livre dont on a parlé hier soir. – 2) Tu comprends bien que l'on n'a pas de temps à perdre avec cela aujourd'hui. – 3) On a

toujours fait en sorte de profiter de la vie et de ses opportunités. – 4) On n'a absolument aucune envie de te voir finir à l'hôpital, alors s'il te plaît, conduis prudemment. – 5) Cette personne, dont on a parlé aux informations toute la semaine, a avoué les faits. – 6) On n'a pas encore découvert de remède pour cette maladie mais la recherche avance.

ZOOM SUR... Y

1) J'y songe depuis longtemps. – 2) J'y retournerai dès que l'occasion se présentera. – 3) Elle s'y est endormie. – 4) Penses-y ! – 5) Conduisez-nous-y s'il vous plaît.

LES TROIS GROUPES DE VERBES

1) penser : 1er groupe
2) rire : 3e groupe
3) choisir : 2e groupe
4) faxer : 1er groupe
5) venir : 3e groupe
6) faire : 3e groupe
7) voir : 3e groupe
8) passer : 1er groupe
9) applaudir : 2e groupe
10) lire : 3e groupe
11) prendre : 3e groupe
12) saisir : 2e groupe

LES DIFFÉRENTS MODES DE LA CONJUGAISON FRANÇAISE

1) L'impératif est un mode impersonnel. FAUX

2) Il existe trois modes impersonnels : l'infinitif, le participe et le gérondif. VRAI

3) Le participe peut être présent, passé ou futur. FAUX

4) L'indicatif est aussi appelé "mode du réel". VRAI

5) Le subjonctif est un mode qui n'est presque plus utilisé de nos jours. FAUX

6) Le conditionnel est le "mode de l'éventuel". VRAI

7) Il existe un infinitif passé. VRAI

LA CONCORDANCE DES TEMPS

1) Il dit qu'il viendra demain.
   Il a dit qu'il viendrait demain.

2) Elle pense que tu as déjà lu ce livre.
   Elle pensa que tu avais déjà lu ce livre.

3) "Je t'aime", m'annonça-t-il soudain.
   Il m'annonça soudain qu'il m'aimait.

4) "Nous allons être en retard", lance-t-elle alors.
   Elle lance alors que nous allons être en retard.

L'ACCORD DU PARTICIPE PASSÉ SUIVI D'UN INFINITIF

1) As-tu déjà entendu chanter cette actrice ? Elle est pleine de talent. – 2) Elle s'est trop laissé marcher sur les pieds, maintenant plus personne ne la respecte. – 3) Cette fanfare, que tu as écoutée jouer ce matin, est venue de très loin. – 4) Les livres que j'ai vu vendre dans cette boutique sont des éditions anciennes. – 5) Mes amis, je ne vous ai pas fait venir en vain, car j'ai une proposition à vous faire.

ZOOM SUR... EN

1) Achète <u>du beurre et des oeufs</u> s'il te plaît.
   Achètes-en s'il te plaît.

2) Il vient d'Amérique du Sud.
   Il en vient.

3) Elle parle très souvent <u>de sa famille</u>.
   Elle en parle très souvent.

4) Je suis originaire <u>de cette région</u> et je suis fier <u>de cela</u>.
   J'en suis originaire et j'en suis fier.

5) Il voudrait avoir <u>du temps libre</u> pour pouvoir jouer <u>de la guitare</u>.
   Il voudrait en avoir pour pouvoir en jouer.

L'IMPÉRATIF

1) Soyez les bienvenus, nous vous attendions ! – 2) Ne mange pas trop de sucreries, tu vas attraper des caries ! – 3) Ces cerises sont vraiment

excellentes, manges-en quelques-unes ! – 4) Prends ton courage à deux mains et pose-lui ta question ! – 5) Demande-toi ce que tu as fait de mal et présente-lui tes excuses au plus vite !

VOIX ACTIVE, VOIX PASSIVE

(Voix active en voix passive)

1) Ce magazine est acheté par mon père tous les mois.

2) Les fleurs sont arrosées délicatement par le jardinier.

3) La victoire a été remportée par l'équipe la plus expérimentée.

(Voix passive en voix active)

1) Les spectateurs et les athlètes entonnent cet hymne au début de chaque compétition.

2) Des personnes malintentionnées ont arraché ces fleurs.

3) On a perdu mes bagages pendant le transfert à l'aéroport.

NOMS COMPTABLES ET NON-COMPTABLES

1) Il collectionne les <u>verres</u> à bière.

> Comptable

2) En une nuit la <u>neige</u> recouvrit le village et ses alentours.

> Non-comptable

3) La table en <u>verre</u> est pleine de traces de doigts.

> Non-comptable

4) Il lui a fallu beaucoup de <u>courage</u> pour en arriver là.

> Non-comptable

5) Le <u>melon</u> que j'ai mangé à midi était très sucré.

> Comptable

6) J'ai mangé trop de <u>melon</u>, j'en suis un peu dégoûtée.

> Non-comptable

LA PONCTUATION

(Voici une proposition de réponse, les possibilités étant multiples.)

Mon frère, qui va bientôt fêter son anniversaire, m'a appelé hier. Il a l'intention d'organiser une fête, dans un restaurant de préférence, et m'a demandé ce que j'en pensais. Comme je connais bien les restaurants des environs, je lui ai conseillé de faire un choix entre :

- la pizzeria Veneziano ;

- l'auberge Au bon Accueil ;

- le restaurant traditionnel Les Alérions ;

- le restaurant oriental Miel et Safran.

Lequel va-t-il choisir ? Je l'ignore. Il va prendre une décision (rapidement, je pense), puis lancera les invitations. J'ai hâte d'y être car cette soirée sera certainement mémorable !

PONCTUATION ET TYPOGRAPHIE

Ma voisine, âgée de 72 ans, est venue sonner à ma porte ce matin. Elle avait l'air désemparée, à la limite de la panique. Elle m'a dit : "Monsieur, pouvez-vous m'aider ? Mon chien a disparu ; je ne l'ai pas vu depuis hier soir !"

Je lui ai demandé : "A quoi ressemble-t-il ? Avez-vous une photo ?" Elle est partie chez elle quelques instants (elle habite juste en face de chez moi), puis m'a apporté une vieille photo protégée par un cadre. Après deux heures de recherches, j'ai retrouvé son chien sain et sauf.

RÉVISIONS GÉNÉRALES

1) Il est parti sans rien dire, il s'est peut-être lassé de ce qui se passait sur scène. – 2) Avez-vous eu des nouvelles de votre ami ? – 3) Elle a dû avoir un coup de chaud, elle avait l'air fatiguée tout à l'heure. – 4) Elle est parfois si têtue que ni ses amis ni sa famille ne parviennent à la raisonner. – 5) Monsieur le Comte est debout tout en haut de la tour, occupé à regarder les bateaux et la mer. – 6) Si ce livre était un peu plus compréhensible, je saurais comment cuisiner un pot-au-feu. – 7) Veux-tu goûter le plat que j'ai préparé ? – 8) Cela fait partie des bases de ce qui nous est enseigné à l'école.

RÉVISIONS GÉNÉRALES (VOLUMES 1 & 2)

1) Plutôt que de faire une pause, les membres de ce groupe ont décidé de

poursuivre leur tâche. – 2) Quand tu as besoin de soutien, pense à appeler tes amis. – 3) Il est prêt à tout tenter, même si cela n'est pas toujours très sensé. – 4) Si ça va pour toi pour leur rendre visite demain, fais-moi signe. – 5) J'aurais souhaité lui parler mais on m'a dit qu'il avait trop de boulot. – 6) Ça ne m'a pas plu du tout de découvrir que le quartier était devenu si différent de l'endroit où j'avais grandi. – 7) Tant de travail, et si peu de temps ! – 8) On a entendu dire que le fabricant de violons s'est étouffé avec une amande au cours d'une balade hors du village. – 9) C'est faux, il a dû payer une amende pour avoir fait une balade sur un chantier interdit aux visiteurs.

RÉVISIONS GÉNÉRALES (VOLUMES 1 & 2), SUITE

1) Venez dans une demi-heure ou quarante-cinq minutes, mais pas plus tard. – 2) Il a réservé une chambre dans cet hôtel dont je t'ai parlé un peu plus tôt. – 3) Cette plante a l'air si vraie que l'on pourrait s'y laisser prendre. – 4) "T'as encore mon livre, n'est-ce pas ?" – 5) J'aurais aimé te le rendre plutôt la semaine prochaine, voire le mois prochain, mais je ne sais pas si tu es prêt à m'accorder cette faveur. – 6) Ce genre de choses arrive de temps en temps. – 7) Qu'elle vienne me voir demain matin, j'aurai probablement un peu de temps à lui consacrer. – 8) Ceux qui ont perdu davantage de sang seront conduits à l'hôpital.

AVANT DE PARTIR…

Je vous remercie vivement d'avoir acheté ce cahier d'exercices. C'est uniquement grâce à votre soutien que des projets comme Gramemo peuvent voir le jour et se développer !

Si ce cahier vous a été utile et que nos fiches de synthèse vous ont aidé, pourriez-vous s'il vous plaît prendre quelques instants pour laisser une note et un commentaire sur le livre sur Amazon ? De cette manière il deviendra plus visible et pourra permettre à d'autres personnes de s'améliorer, mais aussi à de prochains volumes d'être publiés dans cette collection. Les commentaires des clients sont en effet le meilleur moyen pour soutenir les projets comme le nôtre, publiés de manière indépendante.

Pour découvrir chaque semaine une nouvelle fiche de grammaire, voici quelques liens où vous pouvez vous connecter avec Gramemo :
- le site et le blog sur www.gramemo.org
- la page Facebook Gramemo
- le fil Twitter Gramemo
- le compte Pinterest Gramemo
- le compte Instagram @gramemoofficiel

Pour recevoir directement dans votre boîte e-mail vos fiches de grammaire ainsi que les dernières nouveautés en avant-première et des bonus exclusifs, vous pouvez souscrire à notre newsletter gratuite sur le site : www.gramemo.org.

A très bientôt !

Christelle Molon

À PROPOS DE L'AUTEUR

Christelle Molon vit dans le nord-est de la France avec son mari et ses enfants. Passionnée de mots et de lecture depuis son plus jeune âge, elle a décidé de conjuguer son intérêt pour le design, les « nouvelles » technologies et la grammaire afin de permettre au plus grand nombre de s'améliorer sans douleur en grammaire et en français en général. Elle est assistante juridique dans une étude d'avocats au Luxembourg.

En dehors de Gramemo, elle consacre son temps libre à sa famille, à la lecture, à la photographie, aux voyages et à la créativité en général.

Vous pouvez la contacter à l'adresse contact@gramemo.org ou sur les réseaux sociaux.

Retrouvez toutes les nouvelles parutions
Gramemo sur Amazon,
et tenez-vous informé des offres promotionnelles
en vous inscrivant à la newsletter sur
www.gramemo.org